Centenaire

de

l'éclosion du génie d'Auguste Comte

PAR

ÉMILE CORRA

IV

Prix : 2 francs

SOCIÉTÉ POSITIVISTE
54, RUE DE SEINE — PARIS

1926

Centenaire
de
l'éclosion du génie d'Auguste Comte

Centenaire

de

l'éclosion du génie d'Auguste Comte

PAR

ÉMILE CORRA

IV

SOCIÉTÉ POSITIVISTE
54, RUE DE SEINE — PARIS

1926

Centenaire

de

l'éclosion du génie d'Auguste Comte

IV

L'OPUSCULE DE NOVEMBRE 1825 (1)

Multiplicité des embarras d'Auguste Comte de 1822 à 1826

PRÉAMBULE

L'épanouissement du génie d'Auguste Comte fut comprimé par de fâcheux obstacles que j'ai déjà décrits lors du centenaire de ses premières œuvres, en 1919, 1920, 1922 (2). Ces obstacles auraient rebuté toute nature moins richement douée et moins énergique. Or, loin de se réduire, ils se multiplièrent et s'aggravèrent dans l'espace de temps compris entre la publication du *Plan des travaux scientifiques nécessaires pour réorganiser la Société*, en mai 1822, et

(1) Discours prononcé au siège de la *Société Positivis Internationale*, le 15 novembre 1925.
(2) V. *R. P. I.* 1919, N° 4 ; 1920, N° 6 ; 1924 N°s 4 et 5.

celle des *Considérations philosophiques sur les sciences et les savants*, en novembre 1825, objet de la commémoration d'aujourd'hui.

Je passerai ces impedimenta en revue avant de procéder à l'analyse et à l'appréciation de ce quatrième opuscule.

I

Rupture avec Saint-Simon

Les soucis nouveaux d'Auguste Comte résultèrent primitivement des dissentiments que la publication de l'opuscule fondamental de 1822 fit naître entre Saint-Simon et lui.

Jusqu'alors, Auguste Comte avait été le collaborateur anonyme de Saint-Simon ; il n'avait signé aucun de ses écrits par respect pour les opinions monarchiques et catholiques de ses parents et par condescendance pour Saint-Simon à qui il témoignait ainsi sa reconnaissance pour l'initiation philosophique qu'il reconnaissait lui devoir ; mais le *Plan des travaux scientifiques nécessaires pour réorganiser la Société* étant, dit-il, « entièrement pur de l'influence exercée précédemment sur lui par Saint-Simon », et « tous ses travaux subséquents devant être la suite stricte de celui-là » (1), l'occasion lui parut propice de secouer la double tutelle sous laquelle il vivait. Il revendiqua l'exclusive paternité de son œuvre et l'honneur de la signer.

Saint-Simon qui, selon l'opinion de Comte, prétendait le « présenter au public comme une sorte de manœuvre littéraire à ses ordres et à ses gages dont toutes les idées n'étaient qu'une émanation et un

(1) Lettre à Valat du 20 mai 1824.

simple développement des siennes », fut très contrarié par cet acte d'indépendance qui lui faisait perdre le bénéfice de l'attribution possible à sa personne des idées magistrales d'Auguste Comte. Il mit une mauvaise volonté prolongée à publier le *Plan des travaux scientifiques nécessaires pour réorganiser la Société*. En premier lieu, il se borna à le faire tirer en épreuves, au nombre d'une centaine, et, sous toutes sortes de mauvais prétextes, de difficultés mensongères et de promesses fallacieuses, il en ajourna la publication définitive pendant près de deux ans.

En 1824 seulement, après « des explications fort vives » (1), il consentit enfin à rendre publique l'œuvre géniale d'Auguste Comte dans le troisième cahier du *Catéchisme des Industriels*. Mais il le fit avec une telle mauvaise grâce, en se réservant la presque totalité du tirage à mille exemplaires, en n'en accordant qu'une centaine à son auteur, et en présentant celui-ci dans une préface subtile comme un élève indocile, qu'il s'aliéna pour toujours sa sympathie et même son estime.

La rupture entre ces deux collaborateurs et associés de quelques années était d'ailleurs inévitable. Sa cause réelle ne réside pas dans les froissements de leur amour-propre d'auteur, mais dans l'incompatibilité radicale de leurs mentalités, de leurs opinions et de leurs doctrines.

« Il ne s'agit pour moi, dit Auguste Comte (2), que de la réorganisation spirituelle de la société et nullement de sa réorganisation temporelle, c'est-à-dire que je tends à l'établissement de doctrines et non d'institutions... C'est pour moi une idée préliminaire tout à fait importante... Je regarde toutes les institutions comme de pures niaise-

(1) Lettre à Tabarié du 5 avril 1824.
(2) Lettre à Valat du 25 Décembre 1824.

ries fort oiseuses et qui ne sont fondées sur rien, jusqu'à ce que la réorganisation spirituelle de la société soit effectuée, ou du moins très avancée ; et c'est un des points capitaux sur lesquels je suis absolument opposé à Saint-Simon, par exemple, qui voudrait commencer par la réorganisation temporelle (entendue à sa manière), ce qui est le monde renversé et littéralement la charrue avant les bœufs...

« Ce que je me propose par-dessus tout, c'est de fonder une science politique. Quand elle sera avancée à un certain degré, on en fera l'application à la pratique, comme on applique la chimie aux arts, mais jusque-là je ne vise d'autre résultat pratique que celui de réunir les esprits par certaines idées politiques. »

Dans une lettre de la même époque (1er mai 1824), à Georges d'Eichtal, après avoir longuement analysé les causes de ses difficultés avec Saint-Simon, Auguste Comte est plus formel encore ; il dit (1) :

« La divergence capitale d'opinions qui existe entre nous devra amener une discussion pour laquelle cette rupture me met fort à l'aise. En résumé, ces cahiers ont déjà montré et développeront de plus en plus cette disposition qui est fondamentale en lui autant que possible, puisqu'elle résulte de son organisation, de son âge et de sa position, celle de changer les institutions avant que les doctrines soient refaites, disposition révolutionnaire avec laquelle je suis et dois être en opposition absolue. »

Au surplus, l'opposition doctrinale d'Auguste Comte et de Saint-Simon ne date pas de 1822 ; elle remonte à l'origine même de leurs relations. Les lettres sévères qu'Auguste Comte écrivit à Saint-Simon en 1818 (2) pour critiquer sa fausse conception de la manière dont la société devait être réorganisée, l'attestent et elle est corroborée par le fait péremptoire, judicieusement mis en relief par Pierre

---

(1) *Lettres d'Auguste Comte à divers*, tome 1, p. 37.
(2) Publiées *in R. O.*, 1er Mai 1882.

Laffitte (1), qu'après leur séparation Auguste Comte aboutit à la *Philosophie positive* et Saint-Simon au *Nouveau Christianisme*, ce qui autorise à penser qu'au temps de leur association, Auguste Comte eut plus d'influence sur la pensée de Saint-Simon que Saint-Simon n'en exerça sur la sienne. De toute manière, la rupture fut irrévocable.

2°

Situation précaire

Si Comte eut de bonnes raisons pour se féliciter, au point de vue spirituel, de la fin du contrat d'association qui le liait, depuis sept ans, à Saint-Simon, spécialement pour la publication du *Catéchisme des Industriels*, il en fut autrement sous le rapport temporel. La dissociation eut de douloureuses conséquences pécuniaires pour lui ; elle le mit dans l'obligation « de chercher sérieusement d'autres moyens d'existence » (2), et, principalement, de reprendre sa pénible fonction de « professeur de mathématiques ambulant ».

Or, il manquait d'initiative et d'ingéniosité pour la rendre lucrative.

Méditatif, solitaire, sans goût pour les relations mondaines, dans lesquelles on ne trouve, selon la juste définition de Condorcet, « que de la dissipation sans plaisir, de la vanité sans gloire et de l'oisiveté sans repos », il se procurait malaisément des élèves.

Ceux-ci lui firent fréquemment défaut, d'autant plus que, comme le laisse supposer sa lettre à Cerclet

(1) *R. O.*, 1893, N° 5, p. 319.
(2) Lettre à Tabarié du 5 Avril 1824.

du 4 août 1824 (1), il n'hésitait pas à congédier ceux qui manquaient d'exactitude et lui faisaient perdre son temps.

Sa situation fut parfois si précaire qu'il fut réduit à vivre « au jour la journée »; il eut « des moments d'abattement et de véritable désespoir » (2); « son esprit fut presque absorbé par le souci de sa détresse » (3); enfin il dut accepter des secours de ses amis et recourir à des emprunts (4).

Aspirant à la quiétude et à la stabilité dans l'intérêt de ses travaux, Auguste Comte envisagea plusieurs issues aux difficultés matérielles qui l'opprimaient. Il projeta d'entrer dans l'enseignement public, à Paris, « soit à l'École polytechnique, soit au Collège de France, soit à la Faculté des Sciences, soit même dans un des Collèges royaux » (5); il eut aussi la perspective d'une chaire de géométrie à l'École d'État-Major et même celle d'un poste de professeur de physique et de chimie à l'école de Sorrèze (6).

Mais son républicanisme notoire et la suprématie des Jésuites dans l'Université d'alors, faisaient échec à de pareilles espérances.

De guerre las, il eut le projet de s'expatrier en Angleterre où, croyait-il, l'enseignement privé lui offrirait plus de ressources (7).

A tous ces soucis matériels, inhérents à sa nature et à sa situation propre, vinrent, par surcroît, s'ajouter ceux qu'une malheureuse union conjugale lui causa.

---

(1) *Correspondance inédite*, 4e série, p. 3.
(2) Lettre à G. d'Eichtal du 6 Novembre 1824.
(3) Lettre au même du 10 Décembre 1824.
(4) Lettre à Valat du 30 Mars 1825.
(5) Lettre à Valat du 8 Septembre 1824.
(6) Lettre à G. d'Eichtal du 5 Avril 1825.
(7) Lettres aux mêmes des 25 Décembre et 6 Novembre 1824.

3°

Mariage et désharmonie conjugale

Le mariage d'Auguste Comte est un des tristes aspects de sa carrière sur lequel ses biographes et lui-même ont beaucoup trop insisté. Car, quelque important que soit le rôle joué par cet événement dans son existence privée, il est négligeable pour l'intelligence et la valeur de ses doctrines. Cependant l'histoire ne peut plus le passer sous silence après les révélations solennelles qu'il a faites à ce sujet.

Il faut donc rappeler, comme un fait dont la notoriété publique est l'œuvre d'Auguste Comte et parce qu'il est, pour nous, non une idole, mais une créature humaine, affigée, malgré la majesté de son génie, des mêmes infirmités que les autres, et condamnée, comme elles, à déraisonner sous l'empire de la passion, qu'à l'âge de vingt-six ans il épousa une femme déshonorée, plus jeune que lui de quatre années. Cette femme était la fille naturelle d'un comédien et d'une ouvrière lingère ; elle fut vendue par sa mère au sortir de l'adolescence à un jeune avocat qui la délaissa bientôt. Au lendemain de cet abandon, la malheureuse, âgée de dix-sept ans seulement, trafiqua de sa jeunesse et de sa beauté et c'est dans l'exercice de cette profession qu'Auguste Comte fit sa connaissance, le 3 mai 1821, dans les galeries de bois du Palais Royal, aujourd'hui Galerie d'Orléans, où se tenait alors un marché de prostituées.

Il eut, à cette époque, quelques relations intermittentes avec cette hétaïre ; puis il perdit sa trace et, deux ans après, la retrouva de nouveau, par hasard,

(1) Lettre à Tabarié du 5 Avril 1824, *in Lettres d'Auguste Comte à divers* ; Tome 2, p. 4.

boulevard du Temple, tenancière d'un cabinet de lecture que lui avait acheté son premier amant reconquis. Cet amant, dont on regrette de voir le nom parmi les témoins du mariage d'Auguste Comte, n'est autre que l'élève irrégulier, éconduit par la lettre caractéristique du 4 août 1824, signalée plus haut.

Cette fois, Auguste Comte s'intéressa à Caroline Massin plus vivement qu'à une femme de mœurs faciles ; il lui donna, sur sa demande, au cours de l'automne de 1823, des leçons d'algèbre destinées à la rendre plus experte en comptabilité et dont elle était paraît-il, très capable de tirer profit. Puis le cabinet de lecture du boulevard du Temple ayant été vendu, ils cohabitèrent ensemble à dater du 10 février 1824.

Mais, aussitôt, Caroline Massin, qui désirait ardemment se soustraire au régime de surveillance policière auquel elle était soumise, insista près d'Auguste Comte pour obtenir la sanction légale de leur union illégitime (1). Par l'intermédiaire d'un officier de paix qui fut, avec Cerclet, témoin au mariage, elle obtint sa radiation des registres de police (2) et finit par triompher des « préjugés » qui avaient primitivement fait hésiter Auguste Comte.

Il écrivit à ses parents pour obtenir leur consentement (3).

Ceux-ci le lui refusèrent longtemps, bien qu'ils fussent prévenus contre Caroline Massin, uniquement

---

(1) V. *supra*, lettre à Tabarié.

(2) *Addition secrète au testament d'Auguste Comte*, 2e édition p. 36 A.

(3) Pour juger équitablement cet acte, il faut se souvenir qu'à cette époque commençait à se répandre, en faveur des Caroline Massin, cette pitié romantique qui a donné naissance à tant de dissertations littéraires et dont l'expression est synthétisée dans *Les Chants du Crépuscule* de Victor Hugo, par le petit poème charitable :

Oh ! n'insultez jamais une femme qui tombe !
Qui sait sous quel fardeau la pauvre âme succombe !
Qui sait combien de jours sa faim a combattu !

Etc...

à cause de sa naissance irrégulière et de son concubinage avec leur fils, et qu'ils ignorassent ses autres antécédents.

Tel n'était pas le cas d'Auguste Comte. C'est pourquoi, autant il eut raison de se montrer sévère pour les écarts de conduite dont sa femme se rendit coupable, après le mariage, autant il fut injuste et peu généreux en l'accablant, plus tard, pour ses écarts antérieurs et en les révélant au public. Car, Mme Comte ne lui a rien dissimulé de son passé; aucun des secrets de sa scandaleuse jeunesse ne lui était inconnu quand il voulut l'épouser (1).

Cependant aucun refus de son père, aucune remontrance affectueuse de sa mère, ne purent le détourner de sa déplorable résolution; il recourut jusqu'à la menace des sommations respectueuses pour vaincre leur résistance et c'est en présence de cette éventualité que ceux-ci donnèrent leur acquiescement, le 8 novembre 1824.

Néanmoins, le mariage ne fut célébré que le 19 février 1825, à la mairie du IVe arrondissement de Paris.

S'analysant lui-même, Auguste Comte a fait connaître, en partie, à quelques amis, les raisons qui le déterminèrent à ce mariage; elles sont, surtout, longuement exposées dans les pages que voici de sa lettre du 22 août 1824 à Émile Tabarié :

« Voici en gros les raisons qui m'ont déterminé, et je ne doute pas que votre cœur comme votre esprit ne les apprécie de la même manière que moi. Il me faut une femme

---

(1) V. LONGCHAMP : *Note sur la vie et l'œuvre d'Auguste Comte*, traduction portugaise de Miguel Lemos, pp. 209 à 210; notes sur le récit d'une scène dramatique entre Caroline Massin et un agent de la police des mœurs dont Comte fut témoin. Ce récit a été reproduit en français par Texeira Mendès; *in Le Positivisme, Esquisse d'un tableau de la fondation*, tome deuxième, 1re partie, p. 561.

je le sens, je le vois, physiquement et moralement, et une femme que je puisse avouer et tenir à la clarté du jour, car l'intrigue est dégoûtante pour moi comme moyen de passer la vie. D'un autre côté, vous qui me connaissez plus que qui que ce soit peut-être, vous savez s'il est facile qu'une femme me convienne pour unir ma vie à la sienne, et s'il m'est aisé de la trouver. La réunion sinon complète, du moins aussi grande que je puisse raisonnablement l'espérer, des qualités de l'esprit, du cœur et du caractère, si indispensables pour mon bonheur, je les trouve dans cette jeune personne (qui n'est point une veuve, comme je vous le dis un jour en l'air sans y attacher d'importance), dont l'organisation morale a vraiment un côté marquant, qu'une culture convenable peut développer, comme j'ai eu mille occasions de m'en assurer depuis trois ans et plus que je la connais.

« Enfin, en résumé, il y a entre elle et moi une convenance, sinon parfaite, du moins beaucoup plus grande certainement que celles que je puis me flatter avec quelque vraisemblance de rencontrer jamais.

« Remarquez, en outre, que la chose est toute faite, et qu'il n'y manque plus que les formes. Vous savez d'ailleurs que moi qui vais si peu dans la société, qui vois si peu de femmes, qui ai si peu de ces moyens d'amabilité indispensables auprès de presque toutes par suite de la frivolité de leur éducation et de leurs habitudes, combien, dis-je, j'ai peu de chances de rencontrer jamais une femme qui me convînt davantage, et bien moins encore d'obtenir son attachement. Il n'y aurait d'autre objection sérieuse que le défaut absolu de fortune de ma Caroline, mais ce n'est pas vous qui me ferez de bien graves reproches à cet égard. L'inconvénient est fort petit, au moins, et j'y trouve des avantages réels. Je m'assure par là dans cette jeune femme une affection fondée sur la reconnaissance et qui survivra certainement à l'amour pur et simple, auquel j'ai, du reste, moi particulièrement, si peu de droit de prétendre. Elle a d'ailleurs pour moi l'avantage très capital de ne point m'amener de famille avec laquelle je doive fraterniser sans m'en soucier : cet avantage résulte pour moi du malheur qu'a eu Caroline d'être, sinon orpheline du moins l'équivalent par la conduite de ses parents à son égard. Cette circonstance à laquelle j'attache un prix infini est très rare à rencontrer dans le monde où, avec une femme, on a ordinairement une famille de plus à ménager et à cultiver, surtout quand elle vous a apporté de l'argent. Or, je trouve entre nous, que c'est bien assez dans la vie d'avoir une famille obligée sans aller, de gaîté de cœur, en chercher une seconde.

« Ajoutez à tout cela, mon cher ami, qu'il y a de ma part un motif d'honneur dans ce mariage. Quoique l'union de Caroline avec moi ait été bien volontaire et très formellement expliquée de telle manière que je n'ai à coup sûr aucun reproche de séduction à me faire, à quelque degré que ce soit, il est néanmoins certain en fait qu'elle dure depuis six mois ouvertement, et que cette durée est bien suffisante même à présent pour empêcher Caroline de s'établir jamais ailleurs après la publicité de notre ménage ; et vous savez bien que pour les femmes le métier unique ou à peu de choses près quand elles ont de l'esprit et de l'éducation c'est le mariage, d'où il résulterait que si je ne l'épouse pas j'aurai à me reprocher le malheur de sa vie. Prolonger notre union sans la légaliser serait un expédient assez ridicule, car il aurait les mêmes inconvénients que le mariage dont il porte le nom, et il n'y aurait d'autre différence que les inquiétudes vives et continues dont serait par là tourmentée une pauvre femme sur la persistance de mes intentions. Il vaut mieux au bout du compte prendre le grand chemin et faire sagement comme tous les autres qui, à cet égard, sont compétents.

« J'aimerais certainement que le mariage fût mieux organisé : mais nous serions des fous de renoncer à jouir des avantages que présente la société par la seule raison qu'ils ne sont pas assaisonnés à la sauce qui nous convient le mieux ou même à celle qui est effectivement la plus conforme à l'état présent de la civilisation.

« Ainsi, mon cher ami, mon parti est pris par toutes les raisons précédentes, auxquelles vous pouvez ajouter que je suis amoureux, si vous le voulez : mais vous voyez que cela ne m'empêche point d'analyser. Je lie irrévocablement à ma vie et j'acquiers le dévouement absolu d'une femme aimable, spirituelle et plus que cela même organisée à la Roland et à la Staël, si les circonstances se fussent trouvées bien en rapport avec sa nature. Elle n'a pas plus de préjugés que moi, quoique douée d'une extrême délicatesse naturelle. Enfin, je te le répète, mon cher, la chose est maintenant irrévocable et j'ai passé le Rubicon en l'écrivant à mes parents, qui ne se soucient pas que j'épouse 0 franc 0 centime. Je suis déjà mécontent de leur conduite envers moi à ce sujet, et je crains fort qu'il ne résulte de tout cela une rupture (momentanée sans doute), quoique je garde néanmoins envers eux tous les ménagements compatibles avec la persistance d'une intention bien arrêtée. Je n'aime pas à me laisser mener comme un enfant, et surtout dans une telle affaire, quoique j'aime beaucoup mes parents parce qu'ils ont fait beaucoup pour moi, je trouve qu'ils se mêlent de ce qui ne les regarde pas. A mon avis, cette demande de consentement est de la part d'un homme comme moi qui doit savoir ce qu'il veut et ce qu'il fait, et de la part de beaucoup d'autres même, une simple formalité de politesse que les lois font bien d'exiger en général, mais dans l'appréciation de laquelle les parents devraient être assez sensés pour avoir égard aux particularités individuelles que la loi ne peut ni ne doit considérer. Mais malheureusement cela n'est pas ainsi, et les parents, veulent faire du mariage pour leurs enfants une affaire de bourse, ce qui, de toutes les choses qui me répugnent, est peut-être celle que j'ai le plus en aversion. J'excuse bien ce préjugé, mais à la condition que, dans ma pratique, je tâcherai de ne pas dépendre de son influence.

« L'opposition est d'autant plus ridicule en mes parents qu'au bout du compte elle est tout à fait vaine, puisqu'ayant l'âge légal je puis, en faisant agir l'huissier, me passer de leur consentement, ce à quoi je suis très décidé s'ils m'y obligent absolument. Je leur dois infiniment de reconnaissance, et, quoi qu'il arrive, je la leur témoignerai d'une manière non équivoque, même dans le cas d'une rupture complète ; mais je veux pouvoir conduire à ma volonté et sans leur tutelle les affaires qui ne regardent que moi, puisqu'aussi bien je ne leur demande point de dot. »

Quoique d'une manière moins prolixe, Auguste Comte fait, avec le même enthousiasme, l'éloge de celle qu'il veut épouser à son ami Valat ; il lui vante « son bon cœur, ses grâces, son esprit d'une trempe peu commune, son amabilité, son heureux caractère et ses bonnes habitudes » (1).

Selon toute apparence, il était encore imbu de ces sentiments lorsqu'il conduisit sa femme dans sa famille à Montpellier, au mois de juillet 1825, avec le désir de s'y fixer, « s'il pouvait y trouver une existence convenable » ; mais ce voyage lui causa de nombreuses désillusions.

« Le séjour de la province n'a nullement plu à ma femme, écrit-il à Valat, le 16 novembre 1825, et si on l'a trouvée charmante à Montpellier, cet effet n'a malheureusement pas été réciproque... J'espérais beaucoup de cette visite pour faire naître et fortifier, de part et d'autre, le désir de se revoir, et c'est même uniquement pour cela que je me suis déterminé à y aller cette année, ce qui m'a singulièrement dérangé sous plusieurs rapports et spécialement sous le rapport financier ; je ne comptais y aller que l'année prochaine. Or, admire mon heureuse étoile, ce voyage, si importun pour moi dans ce moment, je n'en ai même pas retiré le seul résultat qui me l'avait fait entreprendre — et

---

(1) V. Lettres des 3 Novembre et 25 Décembre 1824.

D'autre part, dans l'addition secrète à son testament qu'il rédigea le 3 Mars 1856, Auguste Comte a donné, de son mariage ces motifs ci : « Notre cohabitation me fit bientôt prendre au sérieux des projets de mariage qui ne m'avaient jusqu'alors semblé qu'un aliment de conversation. Je me crus maintenant engagé par suite d'une confiance qui n'était qu'apparente et je fis à mon père une demande qu'il refusa justement. Outre que j'étais trop dépouillé des préjugés les mieux institués, sans les avoir encore reconstruits, quoique mon opuscule fondamental eut déjà surgi, ma volonté philosophique me faisait dès lors sentir le besoin d'une intime affection propre à compenser des lacunes involontaires de mon éducation morale. Me croyant incapable, faute d'agréments et de beauté, de jamais plaire aux femmes, je voulus ainsi m'en attacher une par un sacrifice exceptionnel. Ce généreux calcul eut probablement réussi sur toute autre âme que mon dévouement aurait tiré d'une telle carrière. Après des mois de cohabitation, je fus ainsi conduit à réaliser dans le même domicile, le fatal mariage auquel mon père avait légalement cessé de résister, malgré ses invincibles répugnances, quand il me vit prêt aux sommations juridiques (*Testament* : 2e édition, p. 36e).

Auguste Comte a aussi représenté son mariage comme un calcul de raison dans sa lettre à Littré du 28 Avril 1851. *In Correspondance inédite*, pp. 8 et 16). Ce fut, dit-il, un mariage « sans amour ». « Mon cœur est ainsi demeuré vierge exceptionnellement jusqu'à 47 ans ».

Mais cette psycholohie rétrospective ne correspond pas à celle que révèlent ses lettres intimes de 1824 n Tabarié et à Valat, qu'on vient de lire.

j'en suis même quelquefois à me dire qu'il eût été préférable, même sous ce rapport, de ne pas le faire. La divergence des caractères, des mœurs, des habitudes, s'est trouvée trop grande pour résister à l'essai d'une relation directe et intime, et je n'ai recueilli, pour prix de mon beau plan, qu'une tendance mal déguisée à un éloignement de plus en plus grand. Il y a faute certainement de part et d'autre ; mais de quel côté est le plus grand tort, la plus grande inflexibilité d'humeur, et peut-être même la plus grande rivalité d'influence, c'est ce que je n'entreprendrai pas de décider aujourd'hui ; la discussion en serait trop longue. Toujours est-il, de fait, que je n'ai pas atteint mon but. »

Et la même lettre, qui débute par cette confidence énigmatique : « Tu me crois heureux, je le suis, en effet, sous certains rapports, sous tous ceux qui dépendent de mon organisation et de mes antécédents ; mais, sous d'autres, je ne souhaite pas à mon plus cruel ennemi un pareil bonheur », la même lettre, dis-je, se termine par des réflexions caustiques sur la nature des femmes et sur le fait que « la plus spirituelle et la plus raffinée... n'équivaut, au bout du compte, qu'à un homme assez secondaire, avec seulement beaucoup plus de prétentions ».

Des dissentiments ne tardèrent donc pas à éclater entre les deux époux et, à ce moment, la cause doit surtout en être attribuée à l'incompatibilité de leurs humeurs (1).

En réalité, ils étaient tous deux très autoritaires et ces deux volontés dominatrices s'entrechoquèrent sans qu'aucune fît à l'autre les concessions sans lesquelles la bonne harmonie ne peut régner dans la vie commune.

---

(1) V. Lettres à Valat des 27 Novembre 1825 et 18 Janvier 1826.

4°

Ralentissement des travaux philosophiques

Au milieu de ces difficultés multiples et angoissantes, Auguste Comte poursuivait, sans relâche, ses éminentes méditations sur la grande destination politique de la science en général et de la science sociale en particulier ; mais leur cours régulier fut fréquemment troublé par ses soucis.

En vertu du projet de vente sous-seing privé, entre Saint-Simon et Auguste Comte, le premier ouvrage fondamental de ce dernier devait se composer :

D'une première partie : *Plan des travaux scientifiques nécessaires pour réorganiser la Société* ;

Et d'une seconde partie : *Esquisses d'un tableau historique du progrès de la civilisation* (1).

Et, dans l'avertissement qu'il a placé en tête de la première partie, lors de sa publication dans le troisième cahier du *Catéchisme des Industriels*, Auguste Comte décrit ainsi l'ensemble de ses projets :

« Cet ouvrage se compose d'un nombre indéterminé de volumes formant une suite d'écrits distincts, mais liés entre eux, qui tous auront pour but direct, soit d'établir que la politique doit aujourd'hui s'élever au rang des sciences d'observation, soit d'appliquer ce principe fondamental à la représentation spirituelle de la société.

« Les deux premiers volumes, qui peuvent être regardés comme une sorte de prospectus philosophique de l'ensemble de l'ouvrage, contiendront à la fois l'exposition du plan des travaux scientifiques sur la politique, divisés en trois grandes séries, et une première tentative pour exécuter ce plan.

---

(1) V. Robinet : *op. cit.* : p. 566.

« Le premier volume est, en conséquence, composé de deux parties : l'une est relative au plan de la première série de travaux ; l'autre, qui sera publiée peu de temps après, se rapporte à son exécution.

« Le but de la première partie est proprement d'établir, d'une part, l'esprit qui doit régner dans la politique considérée comme une science positive, et, d'autre part, de démontrer la nécessité et la possiblité d'un tel changement. L'objet de la seconde est d'ébaucher le travail qui doit imprimer ce caractère à la politique, en présentant un premier coup d'œil scientifique sur les lois qui ont présidé à la marche générale de la civilisation, et, par suite, un premier aperçu du système social que le développement naturel de l'esprit humain doit rendre aujourd'hui dominant. En un mot, la première partie traite de la physique sociale et la seconde de son application.

« La même division sera observée dans le volume suivant relativement aux deux autres séries de travaux. »

Le plan de la seconde partie de son opuscule fondamental, qui, dans son ensemble, devait constituer ce qu'il appelait son premier volume, était donc arrêté, dans la tête d'Auguste Comte, dès 1822 ; mais il ne put songer à l'exécuter tant que durèrent la résistance de Saint-Simon à la publication de la première partie, sous le nom de son véritable auteur, et l'incertitude même de cette publication.

Aussitôt que celle-ci fut effectuée, en avril 1824, Auguste Comte reprit son œuvre, et, dès le mois de mai de cette année, en adressant à Valat l'un des cent exemplaires du premier tirage, il lui annonce que la deuxième partie sera terminée dans deux ou trois mois et qu'il la fera paraître en volume avec la première, qu'il reverra et qui, contre son avis, a paru sans la deuxième (1).

(1) *Lettres d'Auguste Comte à Valat*, p. 120 ; V. en outre, lettre à Georges d'Eichtal du 1er Mai 1824, où il dit que, dans 15 jours, il se mettra à écrire la seconde partie, *in Lettres d'Auguste Comte à divers* ; Y II, p. 37.

Mais, le 17 juillet, il avoue déjà à Tabarié, qu'il « n'a pas encore commencé cette seconde partie qui a besoin d'être excessivement méditée pour valoir quelque chose, surtout avec le peu « d'érudition » qu'il a et qu'il ne l'aura terminée que dans deux mois, pour paraître en novembre.

En septembre, il déclare qu'il renonce à ses vacances, « parce qu'il est très occupé, en ce moment, de la seconde partie de son premier volume » (1) ; mais, le 25 décembre 1824, il dévoile la véritable cause de ces retards successifs, imprévus.

« Cet état de vives inquiétudes, dit-il à Valat, après lui avoir dépeint sa détresse matérielle (2) tu le présumes bien, retentit singulièrement sur mes travaux. Pendant longtemps, j'ai surmonté cette influence délétère, ne me souciant pas de mon avenir à plus d'un mois de distance sous ce rapport ; mais, aujourd'hui, le mal est venu au point (et d'ailleurs, maintenant, il ne m'est plus permis sans égoïsme d'être aussi insouciant) que cela m'absorbe presque tout entier. Des travaux, tels que les miens surtout, qui exigent de longues et pénibles méditations presque continues, ont, plus que d'autres, besoin de calme ; il est cruel que je ne puisse l'obtenir. Dans ce siècle égoïste et matériel, il faut, quand on est sans fortune, avoir été doué par la nature d'une certaine médiocrité et d'une cupidité soutenue pour arriver à un état satisfaisant sous ce rapport et on est à peu près sûr de parvenir avec ces deux conditions. Malheureusement, il n'est pas plus en mon pouvoir de les acquérir que de m'en passer. Je ne crois pas, à te dire vrai, que ma seconde partie soit terminée et mon volume publié avant trois mois, quoique j'y travaille au milieu de tous ces chagrins. »

En mars 1825, Auguste Comte écrit encore à Valat (3) :

(1) Lettres à Valat, p. 125.
(2) *Ibidem*, p. 161.
(3) *Ibidem*, g. 168.

« Je me suis peu occupé, dans ces derniers mois, de la suite de mon travail, à cause de mes inquiétudes horribles. Mais maintenant que j'ai un peu de tranquillité assurée pour quelque temps, je vais m'y mettre avec ardeur et persévérance, et, dans deux ou trois mois, je suis sûr que je pourrai publier mon volume. »

Ses lettres à G. d'Eichtal, avec qui il s'entretient beaucoup plus longuement de ses projets de travaux philosophiques, reflètent la même mélancolie et donnent les mêmes causes du retard que subit l'achèvement de la seconde partie de son ouvrage :

« Toutes les inquiétudes que je vous ai indiquées, lui dit-il, en novembre 1825 (1), n'empêchent pas mon travail d'avancer; mais elles le ralentissent considérablement. J'espère cependant, si je puis prendre le dessus, terminer avant la fin de l'année. »

Et, dans une note de la deuxième page de la même lettre, on lit cette phrase désolée (2) :

« Je sens que je suis bien plus propre à faire partie d'un pouvoir spirituel, régulièrement organisé, qu'à contribuer à en fonder un. Car il n'est rien de plus mortel pour mon esprit que la nécessité poussée jusqu'à un certain degré de devoir songer pour ainsi dire chaque jour à la nutrition du lendemain. »

Toutefois, les retards que déplorait Auguste Comte, ne furent pas uniquement dus aux embarras matériels et moraux au milieu desquels il évoluait ; ils furent, en outre, provoqués par des soucis théoriques du plus haut intérêt, dont il se montre déjà préoccupé dans une lettre à G. d'Eichtal du 17 juillet 1824 (3) :

---

(1) *Lettres d'Auguste Comte à divers*, II, p. 67.
(2) *Ibidem*, p. 66.
(3) *Ibidem* : p. 11.

« Je retoucherai ma première partie, lui dit-il, sur quelques points que l'expérience m'a montré devoir être un peu modifiés ou rendus plus nets et plus saillants. Mais j'aurai surtout une préface générale sur l'ensemble de l'ouvrage qui aura, je crois, de l'importance, et à laquelle je me mettrai aussitôt après avoir achevé d'écrire la première partie. »

Plus tard, il fut incité, par des observations du même correspondant, à méditer à nouveau le plan général de son ouvrage et à se demander s'il ne conviendrait pas, au point de vue didactique, de faire précéder l'exposé philosophique des travaux scientifiques nécessaires à la réorganisation de la société d'une description historique du mouvement de l'esprit humain qui rend ces travaux nécessaires.

Auguste Comte repoussa d'abord cette suggestion (1). Puis il crut qu'il était légitime de lui donner satisfaction dans une certaine mesure (2). Enfin, impressionné par les renseignements que d'Eichtal lui fournissait sur les travaux de philosophie historique similaires aux siens, publiés en Allemagne par Herder, Hégel et surtout Kant, dans son *Idée d'une histoire universelle au point de vue de l'Humanité*, il fut avide d'acquérir, sur ce sujet, une érudition plus vaste que celle qu'il possédait et il insista fréquemment auprès de cet ami pour obtenir, au moins en ce qui concerne l'Allemagne, tous les matériaux désirables.

Au mois d'avril 1825, Auguste Comte semble avoir reconquis plus de liberté d'esprit. « Une petite somme sur laquelle je ne comptais pas, dit-il, provenant de ma femme, a produit cette transformation. Elle est suffisante pour assurer pleinement ma tran-

(1) *Ibidem :* p. 45 et 70.
(2) *Ibidem :* p. 85.

quillité pendant le reste de cette année, indépendamment même de toute autre ressource, à la rigueur (1). » Aussi, quoique ses travaux aient jusqu'ici « considérablement langui », le petit changement que sa situation vient d'éprouver va les remettre en pleine activité. Il espère bien positivement qu'avant la fin de la belle saison sa seconde partie sera terminée et son volume publié définitivement (2). »

Pourtant, le 16 novembre 1825, il écrit encore à Valat, en ces termes, avant de clore la lettre dans laquelle il lui confie les désillusions que son voyage nuptial à Montpellier lui a fait éprouver (3) :

« Je continue à m'occuper fortement de la seconde partie de mon livre. Mais quelques occupations nécessitées par le soin de mon existence matérielle... m'empêchent de la terminer aussi promptement que je le désirais et que je l'espérais. Néanmoins, je crois pouvoir t'assurer que, dans trois mois, ou quatre au plus, je pourrai t'adresser mon volume entier, dûment et définitivement publié. »

Et le 18 janvier 1826, il déclare encore au même ami (4), qu'il est horriblement tourmenté par ces retards subis par ses travaux essentiels. « Ainsi, ajoute-t-il, depuis près de trois mois, je suis tout prêt à écrire enfin ma seconde partie, qui est désormais suffisamment méditée, et à publier enfin un ouvrage qui est, pour moi et pour mon avenir, d'une si grande importance sous une foule de rapports. Eh bien ! la maudite nécessité de vivre m'a obligé jusqu'ici d'ajourner, et m'obligera peut-être d'ajourner encore longtemps, pour me livrer à une besogne qui est fort loin de me plaire. »

(1) Lettre à d'Eichtal : *Ibidem* : p. 83.
(2) *Ibidem* : p. 84-85.
(3) *Ibidem* : p. 191.
(4) *Ibidem* : p. 191.

Finalement, l'ouvrage projeté ne vit jamais le jour, au moins sous la forme primitivement conçue, pour des raisons que j'aurai l'occasion de rappeler ailleurs.

En conséquence, exception faite de la réédition complétée (1) de l'opuscule fondamental de 1822, en avril 1824, et de l'opuscule de novembre 1825, que nous allons commémorer dans un instant, la moitié environ de l'année 1822, les années 1823, 1824, et la plus grande partie de 1825, furent, selon la juste remarque de Pierre Laffitte, des « années stériles » pour Auguste Comte, au point de vue de la production en raison des multiples soucis qui l'opprimèrent durant tout ce laps de temps.

Il n'en fut heureusement pas de même sous le rapport de la méditation qui a toujours occupé la place prépondérante dans ses travaux ; car il ne commençait à écrire que lorsque « le sujet a été profondément pensé dans son ensemble, dans les principales parties et même dans les détails les plus importants » (2) ; il en élaborait alors le texte avec une grande rapidité.

5°

Vocation irrésistible

Au cours de ces rudes épreuves, Auguste Comte fut constamment soutenu par ses inébranlables convictions relatives à la nécessité de régénérer la philosophie et par son opiniâtre volonté d'élever la politique au rang des sciences positives.

L'hommage motivé, qu'il fit à l'Académie des Sciences, le 9 mai 1824, de son opuscule fonda-

(1) V. Pierre Laffite : *Rev. occ.* 1893, p. 313, et seq.
(2) Lettre à d'Eichtal du 1er Mai 1824, *op. cit.*, p. 38.

mental (1), hommage qu'il considérait comme un abrégé de sa doctrine (2), témoigne de la vaste étendue de ses projets à cet égard. Rien ne put le détourner de la résolution de consacrer sa vie à les exécuter. Il ne cessa de proclamer cette résolution dans toute sa correspondance.

« Tous mes travaux subséquents doivent être la suite stricte de celui de 1822, écrit-il » (3). « La politique doit aujourd'hui et peut devenir une science positive et physique, traitée à la manière de l'astronomie, de la chimie, etc. (4). » « Ceci est une doctrine à prêcher et à répandre partout, comme l'a été, dans son temps, l'évangile, à cela près qu'elle s'adresse uniquement aujourd'hui aux hommes éclairés, la masse ne devant y participer que plus tard. (5) « Je travaillerai toute ma vie, et de toutes mes forces, à l'établissement de la philosophie positive..., parce que telle est ma vocation irrésistible, parce que là est la source de mon principal bonheur et sans prétendre jamais à aucune autre récompense qu'à l'estime des têtes pensantes d'Europe (6). » « Je n'ai ni « l'amour des richesses », ni « l'âme d'un financier ». « La tendance instinctive et continue de mon organisation est la combinaison des idées philosophiques (et c'est là vraiment la seule partie très active de moi-même) (7). »

«... Par suite de mon éducation, de ma situation sociale, et probablement aussi d'une prédestination philosophique encore plus prononcée, la carrière à

(1) *Rev. occi.* 1895, p. 98.
(2) Lettre à Tabarié du 22 Août 1824, *in Lettres à divers*, p. 25.
(3) Lettre à Valat, p. 116.
(4) *Ibidem :* p. 120.
(5) *Ibidem :* p. 121.
(6) *Ibidem :* p. 126 et lettres à Tabarié, *in Lettres à divers*, p. 17.
(7) Lettre à Tabarié; pp. 18 et 19 *in Lettres à divers*, tome II.

laquelle je suis attaché est vraiment la seule qui me soit ouverte, à moins de vaincre des difficultés presque insurmontables... Malgré cela, telle est l'énorme difficulté de conserver le caractère spirituel dans toute sa pureté au milieu d'une société toute temporelle, que je me surprends quelquefois à regretter de n'avoir pas embrassé une carrière industrielle ou de ne pouvoir m'en former une, regret qui, cependant, bien analysé, n'a pas le sens commun de ma part, car je n'aurais probablement réussi à rien (1). »

« J'ai nettement et fortement établi, dans mon cerveau, un plan de travaux, capable de fournir et au delà à la vie morale la plus active, dût-elle durer cent ans encore (2). »

La plus belle apologie qu'on puisse faire d'Auguste Comte, est de constater, sans commentaires, que ces résolutions réitérées de vivre exclusivement pour son œuvre, ne sont pas des impulsions d'imagination exubérante, ni des déclamations oratoires. Effectivement, il a tenu, envers et contre tout, le serment qu'il s'est fait à lui-même de se consacrer, corps et âme, à la régénération des idées et des mœurs.

II

La gloire naissante d'Auguste Comte.

Il convient, il est vrai, d'ajouter qu'Auguste Comte fut encouragé dans sa merveilleuse entreprise par les approbations les plus éminentes.

La simple distribution, sous forme d'épreuves, en 1822, de son *Plan des travaux scientifiques nécessaires pour réorganiser la société*, lui valut déjà des

(1) Lettre à d'Eichtal du 10 Décembre 1824, *in Lettres à divers*, II, p. 75.
(2) Lettres à Valat, p. 173.

éloges prouvant que ses idées influaient profondément « sur des esprits de premier ordre » (1).

Mais cette première notoriété scientifique s'accrut beaucoup lors du tirage du même ouvrage, en 1824, à mille exemplaires, bien que la presse quotidienne n'ait pas daigné le signaler à l'attention publique.

Cette distribution plus large, qu'Auguste Comte régla lui-même partiellement, en remettant dans les meilleures mains (2), les cent exemplaires dont il put disposer, fut saluée par l'élite des penseurs et des savants de ce temps, non seulement comme le premier coup d'aile d'un nouveau génie, mais comme un événement historique, comme la naissance d'une science très opportune, et très salutaire ; elle valut à Auguste Comte « beaucoup de relations honorables avec l'élite des savants, et, en général, des penseurs français et même européens » (3).

Au nombre de ces premiers admirateurs furent, non seulement le baron Fourier et de Blainville, à qui Comte dédia son *Cours de philosophie positive ;* le banquier Ternaux à qui il se proposait de dédier le dernier de tous ses ouvrages, *Système d'Industrie positive ou Traité de l'action totale de l'Humanité sur sa planète*, en souvenir du généreux appui qu'il lui a, de bonne heure, accordé ; Poinsot ; de Humboldt ; J.-B. Say, et vingt autres ; mais encore un grand nombre d'hommes distingués que le jeune philosophe ne connaissait pas et qui vinrent lui rendre visite.

Quelques-unes de ces appréciations chaleureuses permettent de se rendre nettement compte de l'exceptionnelle impression que produisit la manifestation

(1) V. Lettres à Valat, pp. 117, 122, 126.
(2) V. *Rev. Occ.* 1893. V. p. 326 et Lettre à d'Eichtal, in *Lettres à divers* ; II ; p. 59.
(3) Lettres à Valat, p. 127.

initiale vraiment caractéristique du génie d'Auguste Comte.

« Je viens de lire, Monsieur, avec un véritable et puissant intérêt, le petit volume que vous avez bien voulu m'envoyer. Permettez-moi de ne pas vous en dire aujourd'hui autre chose, sinon que j'ai beaucoup à en dire. Peu de livres produisent sur moi cet effet ; il sont, en général, si vides, et le vôtre est plein...

J'adopte à peu près tous vos principes. Je crois seulement qu'il y en a encore d'autres qui doivent entrer dans le cadre. Je vous proposerai mes doutes. » (*Guizot*, 19 avril 1824) (1).

« Le sujet traité dans son livre intéresse tous les hommes et, par la manière dont l'a traité M. Comte, doit intéresser encore bien plus puisque désormais l'observation et l'expérience, bases de toute science positive, deviendront, et commencent déjà à devenir, entre ses mains, le fondement des sciences morales et politiques.

« Je sens trop combien des éloges, venus de moi, sur un sujet si éloigné d'ailleurs de mes études habituelles, auraient peu d'importance. Je m'abstiens donc de parler de la hauteur des vues, de la profondeur des pensées, de l'énergie du style qui frappent à chaque page, mais pour ne pas oser en parler, je ne les sens pas moins. » (*Flourens*) (2).

« Le succès de votre livre ne m'étonne pas ; il expose des vues profondes, sages, des aperçus nouveaux, sur un objet dont l'intérêt doit être mis en première ligne par tous les bons esprits ; il indique le fil qui semble devoir nous tirer du dédale si confus d'opinions où tous les penseurs s'égarent dans tous les sens depuis près d'un siècle ; il annonce de vastes études bien dirigées, beaucoup de sagacité, de bonne foi, de modération et un véritable amour du bien. » (*Général Campredon*, 30 juin 1824) (3).

« Ce beau travail est, je le crois, destiné à faire époque,

(1) *Rev. Occ.* 1893, v. p. 332.
(2) *Ibidem*, p. 333.
(3) *Ibidem*, 1896, p. 173.

et je vous souhaite tout le succès que votre courageuse persévérance mérite. » (*Desjardins*, 11 mai 1822) (1).

« Monsieur, il est réservé à votre pénétration heureuse de faire des découvertes les plus importantes. La seule chose que vos amis peuvent désirer pour vous, c'est de la santé et de l'intrépidité ; car il vous faut de l'une et de l'autre pour achever le grand ouvrage qui éternisera votre nom. » (*Bucholz*, 28 septembre 1825) (2).

Seuls, quelques hommes politiques, réputés « libéraux », doués du flair de la médiocrité intellectuelle et dont Benjamin Constant se fit l'organe, s'avisèrent de considérer que la régénération philosophique, préconisée par Auguste Comte, menaçait la liberté de penser ; ils la critiquèrent comme destinée à provoquer l'établissement d'une nouvelle théocratie, « la théocratie scientifique ».

Le style d'Auguste Comte, malgré sa limpidité remarquable, son élégance et sa netteté véritablement scientifiques, fut aussi l'objet de quelques réserves.

Le général Campredon lui exprima la crainte que les expressions scientifiques qu'il empruntait aux sciences naturelles ne soient « pas bien à la portée des esprits ordinaires ». Son ami Valat, lui fit de son côté, quelques objections auxquelles Auguste Comte répondit :

« Je te dirai qu'à cet égard je ne puis attacher aucune valeur à aucune opinion, soit favorable, soit défavorable ; car, s'il fallait écouter tout le monde, on n'aurait plus de style. Je te dirai en preuve que plusieurs littérateurs, ici, ou des gens qui ne sont très sensibles qu'au mérite littéraire, m'ont précisément complimenté sur ce même rapport, ce qui montre combien sont vagues et arbitraires toutes

(1) *Ibidem*, 1893. V. p. 322.
(2) *Ibidem*, 1882 ; p. 228.

ces décisions. Je crois avoir le style propre au sujet, c'est-à-dire le style scientifique, et non celui recommandé par les faiseurs de rhétorique. Si on trouve que j'écris aussi bien que les savants qui écrivent bien, c'est ce que je demande. Si, par exemple, on me disait que j'écris comme Berthollet, comme Bichat, comme Cuvier, etc... (qui ne passent pas auprès des rhétoriciens pour de très grands évrivains) on me ferait, sous ce rapport, le compliment qui pourrait me flatter le plus.

« Comme tu le rappelles très à propos, *le style est l'homme même* et l'un ne peut pas plus se refaire que l'autre. » (1)

....

Et plus tard :

« Tu ne pourrais croire combien, dans un sujet aussi, neuf, je suis contrarié à chaque instant par la langue par le besoin de nouvelles expressions, dégagées du caractère théologique et métaphysique, sous l'influence duquel se sont formées nos langues. Il y aurait bien les ressources du néologisme ; mais, outre que je ne crois pas convenable d'y recourir, elle n'est pas aussi facile qu'on le penserait d'abord ; car c'est, je crois, une des plus grandes difficultés qu'il y ait au monde que celle de créer une expression neuve qui soit véritablement bonne et qui remplisse toutes les conditions voulues. Du reste, cela deviendra plus aisé quand la politique sera généralement conçue comme une science positive, et dégagée de toute alliance avec le pédantisme littéraire. On s'y permettra alors, sans doute, les mêmes licences que dans les autres sciences où on ne se gêne pas pour créer un mot nouveau lorsqu'il y a nécessité constatée (2). »

Quoiqu'il en soit, Auguste Comte ne fut nullement enivré par sa gloire naissante. « L'approbation ouverte ou tacite des hommes compétents, répétait-il souvent, est la principale récompense que j'ambitionne dans mes travaux et à peu près le seul encouragement sur lequel j'ose compter (3). »

(1) *Op. cit.*, pp. 144-45.
(2) *Ibidem*, p. 158.
(3) *Ibidem*, p. 126, et lettre à Bucholz du 18 nov. 1825, in *Correspondance inédite*, 1re série, p. 5.

III

LE QUATRIÈME OPUSCULE D'AUGUSTE COMTE

(Novembre 1825)

Considérations philosophiques sur les sciences et les savants

Les *Considérations philosophiques sur les sciences et les savants* surgirent au milieu des péripéties de l'existence d'Auguste Comte rappelées dans les précédents chapitres. Leur publication lui fut inspirée par des raisons plus matérielles que spirituelles et par la nécessité de suppléer au déficit de son enseignement privé (1).

Ces *Considérations* parurent, aux mois de novembre et décembre 1825, dans une nouvelle revue, hebdomadaire, intitulée *Le Producteur, journal de l'industrie, des sciences et des beaux-arts*, dont Cerclet était le rédacteur en chef, et dont la couverture portait cette épigraphe : *L'âge d'or, qu'une aveugle tradition a placé jusqu'ici dans le passé, est devant nous.*

Postérieurement, cette revue devint l'organe des Saint-Simoniens et la collaboration momentanée, rigoureusement indépendante, qu'Auguste Comte lui donna, fut exploitée par des écrivains, mal informés ou perfides, comme un acte d'adhésion à cette secte. Auguste Comte a fait justice de cette calomnie dans sa belle lettre à Michel Chevalier, du 5 janvier 1832 (2).

---

(1) V. Lettres à Valat, pp. 190-92.
(2) V. *Correspondance inédite*, 1re série ; 65 et seq.

Quant au but philosophique qu'il poursuivit en composant ces articles, il l'a très explicitement fait connaître, en disant à Georges d'Eichtal :

« Après avoir ainsi constaté qu'il n'en pourrait résulter pour moi d'autre inconvénient qu'une perte de temps pour la grande série de mes travaux, je me suis décidé à y *(le Producteur)* coopérer comme ressource matérielle provisoire...

J'ai essayé de faire ressortir, par une démonstration directe, la loi que j'ai trouvée dans ma première partie sur la succession des trois méthodes de l'esprit humain. Cette loi, que, dans la première partie, je n'avais fait qu'annoncer, afin de m'en servir immédiatement, me paraît propre à être mise dès aujourd'hui en circulation, comme une première découverte générale en physique sociale. C'est là le but des trois articles de ce journal, dont vous avez probablement lu le premier. Ces raisonnements sont assurément très mal encadrés là où ils tombent, on pourrait dire entre la poire et le fromage. Mais je crois néanmoins que celà pourra être de quelque utilité pour appeler directement l'attention sur cette idée première, du moins chez un certain nombre d'esprits réfléchis (1). »

Originellement, les *Considérations philosophiques sur les sciences et les savants* furent donc un premier développement des découvertes faites par Auguste Comte en 1822 ; il les considérait encore comme telles, en 1854 ; car il appréciait alors leur solidarité avec son œuvre précédente, dans les termes suivants :

« Le quatrième opuscule manifeste, en novembre 1825, même par son titre, une tendance plus directe vers l'établissement d'une nouvelle autorité spirituelle, d'après une philosophie fondée sur la science. Une suffisante démonstration de mes deux lois fondamentales y précède l'appréciation générale de la marche continue de l'humanité vers la réorganisation du pouvoir théorique (2). »

(1) Lettre, 24 novembre 1825.
(2) *Politique positive* ; v. *Appendice*, p. III.

En fait, vingt-quatre pages de cet ouvrage, qui en comprend trente-neuf, sont consacrées à la démonstration complète des lois naturelles qui gouvernent l'évolution de l'esprit humain ; les quinze dernières ont pour objet de montrer la nécessité d'un nouveau pouvoir spirituel à l'étude spéciale duquel Auguste Comte destinait son cinquième opuscule dont la rédaction, sinon la publication, suivit immédiatement celle du quatrième.

Les *Considérations philosophiques sur les sciences et les savants* débutent donc par une nouvelle énonciation et une démonstration de la loi des trois états, en faveur de laquelle Auguste Comte invoque la triple vérification de l'histoire générale et de la civilisation, de l'histoire des sciences et du développement mental de l'individu, « théologien dans son enfance, métaphysicien dans sa jeunesse et physicien dans sa virilité ».

Répudiant résolument la philosophie dissolvante du dix-huitième siècle qui considérait toutes les théologies comme des inventions machiavéliques de législateurs incrédules et fourbes, Auguste Comte soutient, en effet, que pour comprendre clairement l'évolution mentale, il faut regarder sa marche comme nécessaire, c'est-à-dire à la fois inévitable et indispensable.

Elle est inévitable parce que, au début, toute la nature est, pour l'homme, composée d'êtres animés d'une vie analogue à la sienne.

L'observation l'oblige à convertir cette première hypothèse en celle, moins durable, d'une nature morte, assujettie à des êtres invisibles, puis à diminuer progressivement le nombre de ces êtres pour le réduire enfin à un seul être surnaturel.

Ainsi l'esprit humain a graduellement passé du fétichisme au polythéisme et du polythéisme au théisme.

Depuis ce dernier stade, à mesure qu'il a découvert les lois naturelles des phénomènes, qu'il a pu les prévoir et agir sur eux avec certitude, pour les modifier à notre avantage, il a répudié le surnaturel ; il l'a confiné dans des limites de plus en plus étroites, et maintenant, il considère « tous les phénomènes comme soumis à des lois physiques invariables, dont la découverte, de plus en plus précise, est désormais le seul but raisonnable de tous nos travaux spéculatifs ».

Une pareille marche n'était pas seulement inévitable ; elle était indispensable.

Elle n'a pas été imposée à notre esprit uniquement par la nature du monde. La nature de l'homme l'a pareillement gouvernée, « parce qu'il ne peut pas plus y avoir d'observations suivies sans une théorie quelconque que des théories positives sans observations suivies ».

Pour observer, il faut auparavant imaginer.

La théorie fétichique, la fiction théologique sont les seules que l'esprit humain puisse spontanément adopter pour interpréter les phénomènes. D'autre part, ces philosophies furent primitivement seules capables d'éveiller et de stimuler l'intelligence en lui inspirant l'espoir chimérique d'une connaissance totale « embrassant la nature intime des êtres, l'origine et la fin de l'univers et de tous ses phénomènes ».

Enfin, sans la philosophie théologique, les sociétés humaines n'auraient pu s'établir, parce que, leur organisation et leur stabilité exigent autant qu'un gouvernement temporel, une opinion commune et une classe représentative de cette opinion, qui se consacre à la culture des facultés intellectuelles et morales, un pouvoir spirituel en un mot.

La théologie seule, encore, a pu spontanément satisfaire ce besoin essentiel.

Cependant, la philosophie primaire, tout inévitable et indispensable qu'elle fut, n'a pu se perpétuer. L'esprit humain s'en est spontanément délivré, d'abord à l'aide de la philosophie métaphysique.

Cette philosophie tient à la fois de la théologie et de la physique, ou plutôt elle n'est qu'une modification de la théologie, attendu qu'elle se borne à substituer aux agents surnaturels, conçus au début, des entités non moins imaginaires, mais qui permettent d'envisager les phénomènes d'une manière plus directe.

Puis, insensiblement, l'esprit humain a contracté l'habitude de négliger la *cause* des phénomènes pour s'attacher exclusivement à la découverte de leur *loi*, « c'est-à-dire des rapports constants de similitude et de succession que les faits ont entre eux ».

Cette dernière méthode, méthode positive, a graduellement pourvu l'esprit humain de notions précises et inébranlables ; elle a, de plus, révélé l'infirmité des méthodes théologiques et métaphysiques, et, depuis le dix-septième siècle surtout, sa supériorité s'est manifestée avec un tel éclat, qu'il est évident que la direction de la pensée lui appartient désormais.

« La philosophie positive est l'état définitif de l'homme et ne doit cesser qu'avec l'activité de notre intelligence. »

Finalement, les trois états successifs que l'évolution

de l'esprit humain présente sont vérifiés par la théorie et par l'expérience. Le premier de ces états est provisoire, le deuxième transitoire, le troisième seul définitif.

« Cette loi fondamentale, dit Auguste Comte, doit être aujourd'hui, à mes yeux, le point de départ de toute recherche philosophique sur l'homme et sur la société. »

Mais les trois états sus-décrits coexistent. Pour rendre irrécusable la loi qui les détermine, il faut étudier attentivement la marche que nos diverses conceptions ont suivie pour aboutir à l'état positif.

Cette marche est conditionnée par la généralité décroissante, la complication et la dépendance croissantes des grands phénomènes naturels, qui, d'après ce principe, doivent être classés dans l'ordre hiérarchique suivant : astronomiques, physiques, chimiques, physiologiques, dans lequel chaque catégorie de phénomènes dépend de la précédente et sert de *substratum* à la suivante.

Voilà pourquoi « l'astronomie est devenue la première une science positive ; après elle, la physique ; ensuite la chimie ; enfin, de nos jours, la physiologie. Tel est l'état présent du développement intellectuel ».

Mais, ajoute Auguste Comte, la physiologie vient de faire un progrès décisif. Les phénomènes moraux, — qu'il ne sépare pas encore des phénomènes biologiques, — sont maintenant assimilés aux autres phénomènes de l'animalité ; ils sont étudiés à l'aide de la méthode positive, sans égards pour les conceptions théologiques et métaphysiques.

Toutefois, pour compléter la philosophie naturelle ou positive, et pour l'adapter à tous les besoins de notre intelligence, il faut construire une dernière science qu'Auguste Comte désigne, à ce moment, sous le nom de « physique sociale ».

Cette science « a pour objet l'étude des phéno« mènes sociaux considérés dans le même esprit que « les phénomènes astronomiques, physiques, chi« miques et physiologiques, c'est-à-dire comme assu« jettis à des lois naturelles invariables dont la décou« verte est le but spécial de ses recherches. Ainsi « elle se propose directement d'*expliquer*, avec le plus « de précision possible, le grand phénomène du déve« loppement de l'espèce humaine, envisagé dans « toutes ses parties essentielles ; c'est-à-dire de décou« vrir par quel enchaînement nécessaire de transfor« mations successives, le genre humain, en partant « d'un état à peine supérieur à celui des sociétés de « grands singes, a été conduit graduellement au « point où il se trouve aujourd'hui dans l'Europe « civilisée. L'esprit de cette science consiste surtout « à voir, dans l'étude approfondie du passé, la véri« table explication du présent et la manifestion « générale de l'avenir. »

Comme toutes les autres sciences, la physique sociale doit aboutir à la prévoyance et conduire de la prévoyance à l'action.

Pourquoi la création de la physique sociale est-elle si tardive et maintenant si nécessaire?

Cela tient à ce que les phénomènes sociaux sont les plus compliqués et à ce qu'ils dépendent de tous les autres.

On ne pouvait concevoir ces phénomènes d'une manière positive avant d'avoir acquis des notions semblables sur la nature organique et la nature inorganique.

La solidarité des phénomènes sociaux avec ceux du monde et de la vie est, en effet, tellement étroite que la moindre modification, dans les phénomènes astronomiques, ou physiologiques, ne produirait pas seulement une transformation de la marche du genre humain ; elle rendrait peut-être son existence impossible.

De plus, la physique sociale ne pouvait surgir tant que cette marche n'était pas suffisamment caractérisée. Maintenant, au contraire, la création de cette science est possible et nécessaire, parce que l'esprit humain tend toujours vers l'unité de méthode. Il ne peut continuer à raisonner théologiquement et méthaphysiquement sur les phénomènes sociaux alors qu'il ne raisonne plus que d'une manière positive sur les phénomènes astronomiques, physiques, chimiques et physiologiques.

D'ailleurs, tout annonce la constitution prochaine de la physique sociale. La découverte de la loi des trois états est la première manifestation de son avènement ; mais d'autres symptômes permettent de le prédire.

Par exemple, la métaphysique, qui dominait encore les idées sociales au dix-huitième siècle, n'est pas moins discréditée que la théologie et, malgré le dégoût qu'inspire la politique révolutionnaire cn ne croit pas à la possibilité de restaurer l'ancien régime théologique. On s'incline de plus en plus devant l'empire des faits.

En outre, d'éminents penseurs ont déjà fait de remarquables tentatives pour fonder la science nouvelle.

Au nombre de ces tentatives, sont : en France, *L'Esprit des lois*, de Montesquieu et ses *Considéra-*

tions sur les causes de la grandeur et de la décadence des Romains; l'*Esquisse d'un tableau historique des progrès de l'esprit humain*, de Condorcet; en Angleterre, les travaux de philosophie historique; ceux de Herder et l'*Introduction à une histoire générale de l'espèce humaine* de Kant, en Allemagne.

L'introduction de l'esprit positif dans l'étude des phénomènes sociaux s'impose même à ce point que les apologistes de l'ancienne organisation catholique, comme Joseph de Maistre, dans son livre *Le Pape*, n'emploient que la méthode positive, c'est-à-dire l'observation et l'expérience.

Mais tous ces travaux ne sont que des travaux préliminaires : ils sont imparfaits. La grande tâche philosophique, qui incombe au XIXe siècle, consiste à compléter la philosophie naturelle en rendant définitivement positive l'étude des phénomènes sociaux.

Lorsque ce résultat sera conquis, on pourra, on devra procéder à la coordination scientifique de toutes les connaissances humaines et construire une philosophie positive beaucoup plus synthétique, cohérente et durable, que toutes les philosophies antérieures qui ne furent jamais générales et universelles.

Cette entreprise sera le dernier acte de la grande révolution mentale dont Bacon, Descartes et Galilée, furent les promoteurs; elle permettra de mettre un terme à la profonde anarchie des sociétés modernes.

Cette anarchie, en effet, a pour génératrice l'inexistence d'une opinion publique véritable, d'une réelle communion d'idées. « De là, l'absence de morale publique, le débordement universel de l'égoïsme, la prépondérance des considérations purement matérielles. »

Il est indispensable de reconstituer une unité de doctrine, soit en restaurant l'ancien système théologique, ce qui est impossible et absurde, soit en rendant la philosophie positive capable de la remplacer.

C'est la grande question sociale contemporaine. L'état morbide des sociétés actuelles ne comporte pas d'autre issue.

L'éducation générale est aujourd'hui théologique, métaphysique et positive à la fois ; elle doit devenir entièrement et exclusivement positive. Il n'existe pas, pour restaurer l'ordre moral, de moyen autre que l'institution d'une nouvelle doctrine et d'une nouvelle direction.

« Pour moi, dit Auguste Comte, ce travail est déjà entrepris, car je considère la physique sociale comme ayant aujourd'hui même un commencement d'existence et ce point de vue dominera toujours dans mes considérations philosophiques. »

Toutefois, dans le présent ouvrage, il ne se propose pas pour but de faire partager immédiatement sa conviction, mais de signaler que, du fait que l'esprit humain progresse sans cesse dans la philosophie positive, découle la nécessité d'envisager le rôle social des sciences et des savants sous un nouvel aspect.

***

Croire que la destination des sciences et des savants est purement pratique est une pernicieuse illusion.

Leur rôle philosophique est bien supérieur. Leur objet fondamental et permanent est de doter notre intelligence de notions positives sur tous les phénomènes qui s'offrent à son observation.

« Considérées dans le passé, les sciences ont affranchi

l'esprit humain de la tutelle exercée sur lui par la théologie et par la métaphysique et qui, indispensable à son enfance, tendait ensuite à la prolonger indéfiniment. Considérées dans le présent, elles doivent servir, soit par leurs méthodes, soit par leurs résultats généraux, à déterminer la réorganisation des théories sociales. Considérées dans l'avenir, elles seront, une fois systématisées, la base spirituelle permanente de l'ordre social, autant que durera, sur le globe, l'activité de notre espèce. »

Dans la première organisation des sociétés, en raison de la prépondérance presque absolue de la théologie, les savants qui la cultivaient constituaient la caste dirigeante ; ils étaient maîtres du temporel autant que du spirituel, ou, plutôt, ils subordonnaient le premier au second. Tel fut leur rôle dans l'Egypte ancienne, en Chaldée, dans l'Inde, en Chine, au Japon, au Mexique, au Pérou, où ils combinaient les fonctions de savants, de prêtres, de philosophes et de législateurs. Moïse est le plus parfait modèle de ces théocrates synthétiques, constructeurs de l'ordre social initial.

La théocratie représente la plénitude de la systématisation théologique. Depuis, la théologie n'a cessé de décliner.

Mais ce régime déterminait l'immobilisme, parce que toutes les connaissances étaient cultivées par les mêmes esprits. Le spirituel opprimait le temporel et tout changement dans les idées était subversif de l'ordre social régnant.

L'esprit humain ne put effectivement progresser que lorsque la culture des sciences et de la philosophie put être poursuivie avec indépendance, en dehors en quelque sorte, de la direction politique des sociétés.

Cette condition fut réalisée en Grèce, grâce au concours d'un certain nombre de causes favorables, spéciales à ce pays.

La distinction entre la science et la théologie s'accentua, dans ce cas, si nettement que les noms et les fonctions des prêtres et des philosophes cessèrent d'être synonymes et cumulés.

Un nouvel esprit anima les penseurs.

Les théories sociales, dont la difficulté surpassait les ressources que la raison possédait alors, restèrent généralement théologiques ; mais celles du monde cosmique et de l'homme physique avancèrent vers l'état positif en devenant métaphysiques.

Et, d'âge en âge, une nouvelle spécialisation s'introduisit parmi les penseurs libres.

Ils se divisèrent en savants proprement dits, occupés de la culture des sciences physiques, et en philosophes consacrés aux études sociales et morales.

Ce double mouvement théorique atteint son plein développement au siècle d'Alexandre où l'école scientifique d'Aristote rivalise avec l'école philosophique de Platon et où se fonde le Musée d'Alexandrie qui donne satisfaction à ces deux tendances.

Cette division spontanée est la source de tous les progrès intellectuels postérieurs.

En s'isolant, en se bornant à l'observation des faits, les sciences ont pu se spécialiser, se perfectionner, et devenir graduellement positives, sans troubler l'ordre social, tandis que la philosophie, continuant à spéculer sur l'origine des choses, réduisait les causes premières à l'unité et déterminait le passage du polythéisme au monothéisme.

Ce dualisme des sciences et de la philosophie aboutit, au XIIe siècle de l'ère chrétienne, quand le système de concentration politique érigé par Rome, en Occident, fut complètement aboli, à un nouveau genre d'organisation des sociétés, caractérisé par la division radicale des fonctions spirituelles et temporelles.

Mais, en raison de sa rigidité, de son divorce avec l'esprit positif, le système catholique du moyen âge n'a pu suivre le progrès des connaissances scientifiques ; il ne s'est pas adapté à lui ; il s'est momifié, et, dédaigneux de l'esprit moderne, il est devenu incompatible avec lui.

Toutes les perturbations, dont les sociétés occidentales souffrent depuis quatre siècles, résultent de ce schisme irréductible et des vaines tentatives que le système théologique a faites pour se redresser et se maintenir.

Cette transformation douloureuse, n'a pas empêché les intelligences actives et libres de s'orienter de plus en plus vers les sciences ; les connaissances positives n'ont cessé de se répandre. Un nouvel ordre spirituel a surgi et les savants se sont insensiblement substitués au clergé théologique dans la formation et la direction des opinions au point que deux pouvoirs spirituels divergents, hostiles même, coexistent maintenant.

Mais il est évident que les sciences sont destinées à supplanter irrémissiblement la théologie. Pour devenir complètement aptes à cette opération, il suffit qu'elles fassent rentrer l'étude des phénomènes sociaux dans la catégorie des sciences naturelles et qu'elles procèdent à la construction finale de la philosophie positive.

Cette œuvre accomplie, les savants pourront,

de nouveau, devenir les directeurs spirituels des sociétés.

Toutefois, ils ne pourront jouer efficacement ce rôle supérieur qu'à la condition de former, au milieu d'eux, une nouvelle classe qui s'occupe uniquement de cultiver la science sociale et l'ensemble de la philosophie positive, en restant en relation directe et continue avec toutes les autres classes spéciales de savants, de même que ceux-ci lui demeureront attachés par une éducation générale préliminaire destinée à les familiariser avec les résultats et les méthodes de toutes les sciences positives.

De plus, les vrais savants devront désormais se préoccuper surtout de l'importance philosophique des sciences et laisser à une classe intermédiaire, celle des ingénieurs, le soin d'établir la relation entre la théorie et la pratique, entre la science et l'industrie.

De toute manière, l'élaboration des doctrines, nécessaires à la systématisation nouvelle de l'ordre intellectuel, ne peut être réalisée que par des savants imbus d'idées philosophiques positives.

« C'est surtout la formation plus ou moins prompte de cette nouvelle classe de savants qui déterminera naturellement la rapidité de ces travaux complémentaires destinés à investir enfin le système positif de la suprématie spirituelle que la marche invariable du genre humain lui assigne dans l'avenir. »

L'éducation sociale appartiendra certainement à cette classe.

Cette grande révolution est, d'ailleurs, en mouvement.

Les sciences positives deviennent l'objet principal de l'enseignement dans toutes les sociétés européennes. Partout des établissements se fondent pour les cultiver et les distribuer, sans aucune considération théologique. Il ne manque à toutes ces mesures politiques que « la grande condition philosophique sans laquelle tous ces efforts partiels, quelque suivis qu'ils fussent, ne sauraient avoir aucun résultat très important, la formation des doctrines positives générales ci-dessus indiquées ».

Telle est la conclusion de cet opuscule qu'Auguste Comte lui-même qualifie, en terminant, d'ébauche philosophique de la question capitale du nouveau pouvoir spirituel dont les sociétés contemporaines ont un urgent besoin et qu'il se réserve de scruter plus profondément, dans une prochaine étude.

Toutes les grandes notions que je viens de résumer sont familières aux disciples d'Auguste Comte, depuis la publication du *Cours de philosophie positive* qui les a magistralement développées ; mais, en 1825, elles étaient encore presque entièrement neuves, l'opuscule fondamental de 1822 les ayant seulement esquissées.

Malheureusement, elles sont encore étrangères à la masse du public éclairé. Pourtant elles n'ont rien perdu de leur actualité. Beaucoup de pages des *Considérations philosophiques sur les sciences et les savants*, dans lesquelles l'état d'anarchie des sociétés est judicieusement analysé, semblent écrites d'hier. Un siècle a passé sur elles sans altérer leur fraîcheur, et, mis sans nom d'auteur et sans date dans les mains de la majorité des lecteurs contemporains, ce livre paraîtrait nouvellement né. Il n'a pas vieilli et on peut toujours hardiment en conseiller la lecture à ceux qui désirent s'initier au positivisme.

On doit d'autant moins hésiter à le faire que la pensée philosophique du Maître acquiert, dès ce moment, une telle vigueur, une telle précision, une maturité scientifique si parfaite, que cet opuscule, renferme, outre ses idées géniales, un grand nombre d'expressions, de remarques, de formules, qu'il n'a plus retouchées et qu'il a transposées intégralement dans ses ouvrages postérieurs, avec leur structure lapidaire.

C'est donc à très juste titre qu'il a reproduit cet opuscule à la fin de *la Politique positive*, pour qu'il contribue à démontrer, concurremment avec les précédents, l'unité de son œuvre qui, de la base au sommet, représente le développement logique et majestueux des mêmes conceptions.

Les *Considérations philosophiques sur les sciences et les savants* tracent, en effet, très nettement : le plan de l'évolution sociale ; celui de la philosophie positive ; celui de la politique positive, dont Auguste Comte a poursuivi sans discontinuité l'exécution pendant plus de trente années ; elles fondent l'histoire naturelle de la religion dans laquelle, le premier, il a eu la perspicacité géniale de reconnaître une institution spontanée, uniquement issue de l'esprit et du cœur des hommes.

IV

Autres travaux conçus par Auguste Comte en 1825

Les *Considérations philosophiques sur les sciences et les savants* ne furent pas la seule production d'Auguste Comte, à la fin de 1825.

Les *Considérations sur le pouvoir spirituel*, publiées en mars 1826, furent rédigées à la même époque, pour des raisons qu'Auguste Comte expose ainsi dans une lettre à Georges d'Eichtal, du 24 novembre 1825.

« Si j'avais pu ne consulter que ma volonté, et mettre de côté toute exigence matérielle, je me serais bien gardé d'écrire dans ce journal *(le Producteur)* d'ici à quelque temps, car je suis enfin, je puis maintenant vous l'affirmer, au moment d'écrire irrévocablement ma seconde partie et ces travaux secondaires me retardent. Afin d'en être dérangé le moins possible, je prends le parti de faire de suite une certaine collection d'articles (qui porteront principalement sur la question du pouvoir spirituel) et qu'on inscrira peu à peu pendant deux ou trois mois que je me suis exclusivement réservés pour écrire ma seconde partie et préparer enfin une publication réelle de mon ouvrage. J'aime mieux me débarrasser ainsi tout d'un coup du journal pour quelque temps que d'être continuellement interrompu dans une composition qui demande l'emploi exclusif de toutes mes forces. Je ne compte me mettre à écrire la seconde partie que dans le cours du mois prochain, tandis que, sans le journal, j'y serais depuis un mois au moins. Mais c'est une nécessité à laquelle je ne puis me soustraire. Quand mon ouvrage sera publié, je me mettrai à coopérer au journal, tout en préparant mon second volume (1). »

Cette seconde partie du premier volume projeté par Auguste Comte depuis 1822, à laquelle il est, une fois encore fait allusion ici, ne fut, je l'ai déjà dit, jamais écrite, parce que le *Cours de philosophie positive* fut, en 1826, substitué à cette entreprise initiale; mais les confidences réitérées qu'à cette époque Auguste Comte fait, dans sa correspondance, relativement à ses méditations continues sur ce sujet, montrent que le vaste ensemble de la philosophie positive ne cessait de s'élaborer dans son

(1) *In* Lettres à divers ; II ; p. 91.

esprit et qu'il était à la veille de l'édifier définitivement.

La même conclusion découle plus impérieusement encore, du projet qu'Auguste Comte conçut, dès 1824, d'un cours à l'Athénée, célèbre établissement privé de haut enseignement, alors très florissant, situé, 2 rue de Valois, près le Palais Royal, dans lequel professaient, devant un auditoire d'élite des deux sexes, des savants originaux comme Dumas, Magendie, de Blainville, Auzoux, Babinet, Gall, Dunoyer (1).

Le 17 juillet 1824, il annonce à Tabarié (2) qu'il croit pouvoir, aussitôt son premier volume terminé, s'occuper, en janvier suivant, de son cours à l'Athénée qui sera, il n'en doute pas, « rendu plus facile et plus intéressant par l'effet de sa publication ».

En effet, de Blainville fit, sur sa demande, des démarches auprès de l'administration de l'Athénée et il obtint pour lui l'autorisation nécessaire, en janvier 1825 (3).

Mais Comte ajourna l'exécution de son projet, au mois de décembre suivant, afin de se consacrer tout entier à la rédaction de sa seconde partie et « d'avoir un auditoire mieux préparé ». (4)

Puis, l'hiver venu, pressé, par l'administration de l'Athénée, de s'exécuter, il la pria de lui réserver la faculté qu'elle lui accordait pour l'hiver suivant.

« Étant au moment d'écrire ma seconde partie, outre mes autres occupations, je ne puis pas, dit-il, mener de front une pensée aussi distincte que celle d'un cours qui

---

(1) V. *L'Athénée*, in *Revue Occidentale*, 1889, n° 1 et 1894, n° 5, par Pierre Laffitte.
(2) *Lettres à divers*, II, p. 12.
(3) V. *Rev. Occ.*, 1889, n° 1, p. 49.
(4) Lettre à G. d'Eichtal, du 6 avril 1825.

a besoin, pour que l'effet ne soit pas manqué, d'être médité d'une manière spéciale, ce que je ferai expressément quand je serai quitte de mon premier volume. D'ailleurs, la publication de l'ouvrage me semble pour l'auditoire, une préparation indispensable sans laquelle ce cours ne serait jamais convenablement entendu (1). »

En définitive, de même que la seconde partie de l'opuscule fondamental à laquelle il était subordonné, ce cours de l'Athénée resta, en 1825, à l'état de projet.

Mais quel devait être le sujet de ce cours? « C'est ce que j'ignore », dit Pierre Laffitte (2).

Il paraît tout au moins facile de le conjecturer.

Cet objet devait évidemment être en harmonie avec les méditations qu'Auguste Comte poursuivait alors.

Dans sa lettre à d'Eichtal, du 6 avril 1825, il dit que « l'Athénée lui a offert, cette année, de faire des cours de *politique* » (3); mais on sait que, par ce dernier mot, à cette époque, Auguste Comte désignait la physique sociale ou mieux la philosophie sociale.

D'ailleurs, il expose très explicitement son projet de cours, dans ce passage d'une lettre à Valat du 18 janvier 1826 (4) :

« Enfin, *depuis quelque temps*, j'ai eu la pensée d'un cours très important et qui, sous le rapport matériel, me tirerait peut-être d'affaire, dont l'objet (que tu vas comprendre tout de suite), est la philosophie positive, c'est-à-dire l'exposition des généralités et de l'enchaînement des diverses branches des théories positives, y compris la

(1) Lettre à G. d'Eichtal, du 24 nov. 1825, *in fine*.
(2) *Rev. Occ.* 1889, n° 1, p. 21.
(3) In *Lettres à divers*; p. 85.
(4) *Lettres à Valat*, p. 191.

politique positive ou la physique sociale qui rentre à mes yeux dans le système scientifique. »

Donc, aucun doute n'est permis. Ce qu'Auguste Comte construisait laborieusement dans sa tête, pendant les années 1824 et 1825, sous le modeste titre d'un cours à l'Athénée, c'est, comme la seconde partie de son opuscule fondamental, le grand et impérissable monument de la philosophie positive, dont il commença l'érection au mois d'avril 1826.

Société Française d'Imprimerie d'Angers. — Angers-Paris.

OUVRAGES POSITIVISTES

du même Auteur

	PRIX
Appréciation générale du Positivisme	0 fr. 60
La Philosophie positive	0 fr. 60
Les Devoirs naturels de l'homme	0 fr. 60
La Morale sociale	0 fr 60
La Morale primitive	0 fr 60
La Morale politique	1 fr. »»
L'Unification du genre humain	1 fr. 50
Le Mariage	0 fr. 75
La Paternité	0 fr 75
Le Sentiment filial	0 fr. 30
La Fraternité	0 fr. 30
La Domesticité	0 fr 30
La Patrie	1 fr. »»
Gambetta	1 fr. »»
Hommage aux Héros de la Défense nationale	0 fr. 50
L'Humanité	1 fr. »»
Le Rôle civilisateur du Sentiment	0 fr. 50
Le Rôle social des Morts	0 fr. 75
Le Culte public de l'Humanité	0 fr. 25
Le Culte des Héros	0 fr. 75
Le Rôle social des Animaux	0 fr 30
La Fête du Feu	1 fr. »»
La Troisième République	0 fr 75
Lamarck et son Œuvre	0 fr. 75
Le développement de la Solidarité pendant la Guerre	1 fr. 50
La Maladie occidentale	1 fr. »»
Les Enseignements philosophiques de la Guerre	1 fr. 50
Le Pouvoir Spirituel	3 fr. »»
L'Evolution du Culte et de la Fête des Morts	1 fr. »»
La Naissance du Génie d'Auguste Comte (1)	1 fr »»
L'Ere de la Sociabilité universelle	1 fr 50
La Religion	3 fr. »»
Hommage général aux Morts de 1914-1918	1 fr. 50
La Naissance du Génie d'Auguste Comte (3 fascicules)	1 fr 50
Le Rôle Social des Vieillards	1 fr. 50
Consécration positiviste de la retraite	2 fr »»
Le Fondateur du Positivisme	2 fr. »»
Portraits Positivistes	7 fr »»
Pierre Laffitte	2 fr »»
Nécessité et Principaux Caractères du Positivisme	2 fr. »»
La Vie éternelle : ses conceptions mystiques ; sa conception positive	2 fr. »»
Le rôle civilisateur des mères	2 fr. »»
Synthèse de la philosophie positive	» »»

In Revue positiviste internationale 1925, Nos 5 et 6 et 1926 No 1

En vente au siège de la Société Positiviste
Rue de Seine, 54, Paris

www.ingramcontent.com/pod-product-compliance
Ingram Content Group UK Ltd.
Pitfield, Milton Keynes, MK11 3LW, UK
UKHW021028180726
13838UKWH00004B/1673